JN408707

# 두록금 한 상자

장태숙 시집

문학공원 시선 242

# 등록금 한 상자

장태숙 시집

사과의 껍질을 벗기듯 아버지 허물도 벗겨진다
단맛이 든 사과는 오 남매의 2기분 등록금이다

문학공원

자서

# 봉양의 들꽃

내게 봄 여름 가을 겨울이 수없이 지나간 즈음
가슴 한켠에 묻어 둔 채 잊고 살았던
빛바랜 발자취들이 나를 잡고 놓지 않았어요

한 편의 시를 쓸 때마다
얼었던 흙을 밀어 올라온 들꽃들이 눈을 뜨고 있었죠
꽃눈 뜨는 것을 처음 본 것이
얼마나 큰 선물인가를 상기시켜 주었어요

저 아름다운 영혼에 새겨진 따뜻한 사랑의 기억을
시로 한 점 한 점 떼어 놓습니다

봉양의 들꽃으로 자라온 늦둥이 시인
이제는 깊은 사유로 진리를 깨달으며
가슴 펴고 푸른 봄을 노래하는 시인으로
언제나 여러분 곁에 자리하겠습니다

2024년 봄

아네스 **장 태 숙** 배상

차 례

## 제1부

# 바람의 목구멍

## 제2부

# 새 달력

## 제3부

# 아카시아 꽃과 종소리

## 제4부

# 초겨울의 길목에서

# 제1부

# 바람의 목구멍

# 전철을 기다리며

시린 바람 솔솔 불어오는 바닷가
해풍 내음 맡으며 걸어 보았지
도성 십리 밖 오리 더
네가 두 눈을 깜박이고 있을 때
어디서 왔는지 수많은 사람들이 빠른 걸음으로
스킨십 한번하고 너를 만나러 들어갔지
비록 좁은 그곳 어색하지도 않은 첫 만남
분주히 움직이며 각자의 삶을 만들어 가는 중
기쁨으로 일구어내는 하루를 시작하는 중이지

잠시 후 너는 많은 사람들과 유유히 어둠 속을 달렸어
몇 척의 경비정과 잠수함이 바다를 지키러 순찰을 나섰어
어기영차 영차, 어부의 성성한 외침 소리가 들렸어
물결치는 바다엔 뱃고동 소리가 뚜우우 퍼져나갔어
너는 멀고 먼 뱃길 따라 자맥질하며
검푸른 바다로 떠나갔어
가끔 똑딱선에 몸을 싣고 서해 바다를 표류했지

너는 돌고래처럼 넉넉한 잔등을 내보이며 파도를 만들고 있었어
이번 역은 가오리 가오리역입니다
내리실 문은 오른쪽입니다
안내방송에 따라 문이 열리자
모두 침착하게 어제를 모두 비워내고 문을 닫았어

썰물은 오늘 일이 아니야
밀물처럼 다가올 내일을 기다릴 줄 아는 너는
삶은 꼭 필요한 만큼만 취하는 거라 말했어
욕심을 부리지 않는 네가 문을 열렸어
이번 역은 가오리 가오리역입니다
당신이 아무리 간다 해도
나는 네가 다시 오리란 걸 알아
한양도성 십리 밖에 있는 너
오리, 딱 오리 더 가오리니
기다리리라, 지하철

# 바람의 목구멍

오랜만에 배낭을 메고 길을 나선다
길가를 따라 하얀 구름 두둥실 하늘길로 들어간다

나무 그늘에 앉아 쉬고 있는데 무언가 발꿈치를 친다
간지럼을 태우듯 바람에 노랑 씀바귀꽃이 흔들리고
있다
잣나무 산수유나무 키 큰 아카시아나무
그늘을 채우고 난 모퉁이에 그녀는
보잘것없이 제 몸 하나 버티고 있다
하늘 높이 늘어선 아카시아 향기 들썩이는데
마른 줄기 성긴 꽃잎 매달고 갖은 아양을 떤다
누가 보기나 할까 흔들흔들 흔들어도
보이지 않은 새들의 넋두리
한숨 돌리며 눈빛 빛나는 초원을 바라보는데
보시어요, 여기 보시어요.
예쁘게 꽃피웠다고 빨간 신호등 녹색 신호등 사이
바람의 힘을 빌려 노란 등을 깜빡이며 말하고 있다

나를 부르나 하고 몸을 고쳐 앉고 눈을 맞춘다
초록의 짙은 들판에 노랑나비 날아오르듯
수다 중인 녹색 바람의 목구멍이 보인다

오랜만에 마스크 없는 야외에 정답게 모여 앉아
힘든 일 모두 잊은 듯 하하 호호 웃으며

## 고래가 되다

7월의 마지막 날 가마솥더위에 비가 거침없이 내리더니
보령에 도착하자 대천해수욕장이 평화롭게 펼쳐졌다

언제 그랬냐는 듯 파도가 철퍼덕철퍼덕 밀려와
어느새 내 앞에 오더니 백사장에 부딪친다
파도는 힘이 세고 강한 권력을 나타낸다
그녀들은 이미 철퍼덕한 파도의 권력에 추종자가 되었다
두어 걸음 물러나고 장단에 맞추어야 하는데
반 박자 더 느려 기회를 놓치고 만 것 같다
그 박자에 따라 찰랑찰랑 몸을 움직여야 했었다
쏴아, 몰려오는 파도
너울너울 나비 떼 지어 날듯 가슴을 두드린다
철썩철썩 우주의 은하가 쏟아지는 소리가
고요한 밤바다 체취를 안고 흔든다
오늘 밤 쉽게 잠들긴 틀렸다

모진 세월 부수고 부순 밀물과 썰물 사이에
나는 끼어 있다

평온한 가슴 열고 고래가 춤을 춘다
해풍 내음 알싸한 바다
재숙이 정한이 춘식이와 나는 고래고래 소리 질렀다
그날 우리는 고래가 되어 대천바다를 집어삼켰다

# 부추꽃 설화

문을 열고 앉아서 밖을 보니
하얀 부추꽃이 바람에 흔들린다
내 마음에 눈이 내린다
하얀 눈이 소리 없이 내리지만
부모가 된다는 것은 조용히 되는 것이 아니다

아이가 밤새 열이 났다
날 새기가 무섭게 아이를 들쳐 업고
출근시간대에 혼잡한 버스를 탔다
아이는 사람들 속에 끼어 울기 시작했다
나도 버스에서 울었다

내가 열이 나서 앓아누웠을 그때
어머니는 나를 업고
산 너머 의원님댁으로 밤길을 나섰다
바스락거리는 험한 숲길에 달님이 내려와 길을 안내하고
산비둘기들은 구구구 구해달라고 기도를 했다
풀벌레가 가슴이 짠한지 찌르르르 울어주었다

맹꽁이는 뿌가각뿌가각 소망의 풍선을 불고
개구리도 함께 밤새 주문을 외우고 있었다
한 발 한 발 내딛는 기도에 열이 내리기 시작했다
휴, 어머니는 안도의 한숨을 내쉬면서
뭐가 먹고 싶냐고 물으셨다
시원한 아이스케키가 먹고 싶다고 했다
한참을 지나서 어머니는 냄비를 들고 오셨다
자, 어서 일어나 먹고 힘을 내야지
뚜껑을 열자 아이스케키는 어디로 가고
나무 막대기만 물 위에 떠있었다
아이스케키가 녹을까 봐
십릿길 읍내에서 쉬지 않고 달려오신 어머니는
눈물을 글썽이며 이거라도 마시라고 하신다
밍밍하고 달달한 맛에는
어머니의 사랑과 눈물이 녹아 있었다

하얀 눈이 내린다
가슴에 자라온 부추꽃 설화가 나뭇가지에 피고
지붕 위 언덕을 배경 삼아 하얀색 칠해서 담아
곱디고운 어머니 천사는
이번 겨울에도 하얀 부추꽃을 넒어수시네

# 알파카 코트

그를 데려오고 싶은 곳에서 나는 그를 두고 비행기를 탔다
그래도 한구석에 미련이 남아 있던 터에
귀한 초대장이 등기 우편으로 왔다
핑계 삼아 백화점으로 구경을 갔다
여기요, 어디서 나를 부른다
그는 반갑다며 짧디짧은 다리로 덥석 내 어깨에 올라타고 몸을 감싼다
고요했던 마음이 흔들리며 그를 데리고 집으로 왔다

기온이 영하로 떨어지고 산허리 휘어잡은 첫눈이 내렸다
그가 내 몸을 감싸며 집을 나서자고 보챈다
그의 품에 안긴 나는 전율이 요동치며 핏줄이 솟아오른다
내 기분과 마음을 풀어줄 그가 우리 집에 오면서부터 나는 신이 나 있었다

엉덩이 흔들고 온 매서운 칼바람 상흔을 두터운 외투 속에 감추고

동창회 결혼식 음악회 전시회 등에 모두 그를 데리고 갔다

나는 그를 자랑하듯 의자에 정중히 앉혀둔다

모두 그에게 관심이 많다

봄이 오자 신나는 일 없이 조용히 잠자고 있는 알파카는

흰 구름 한가롭게 놀던 넓은 들에서 양몰이 개들과의 숨바꼭질을 꿈꾼다

# 틀어진 안경

선잠을 깬 아침 발밑에서 꿈틀한다
다리가 아파요
그녀는 병원 침대에 누워 기다린다
등짝에 땀이 지병처럼 송골송골 맺힌다
그가 그녀의 다리를 뒤튼다
그녀는 그냥 물러서지 않는다
링거와 주사를 맞고 잠이 들고
뼛속으로 나사못이 조여들고 살점을 저며내고
피가 흐른다 벌겋게 충혈된 눈
고통과 시련의 반전이
물레방아처럼 도는 인생의 의미
너그럽고 좋은 생각으로 돌아가는 깊이를 새겨본다
울컥하는 어떤 어려움이 있어도 그녀는 참는다
그녀는 치료를 마치고 내 곁으로 왔다
그녀는 내 명함이다
내가 그려놓은 옷을 입고 시를 쓰고
꽃을 보는지 나비를 보는지

세월 속에 흘린 눈물처럼 쓸어내리는 사연을 말해준다

나는 그녀를 이렇게 잠시도 떠날 수 없는데
잠자기 전, 그녀가 나를 보고 웃는다

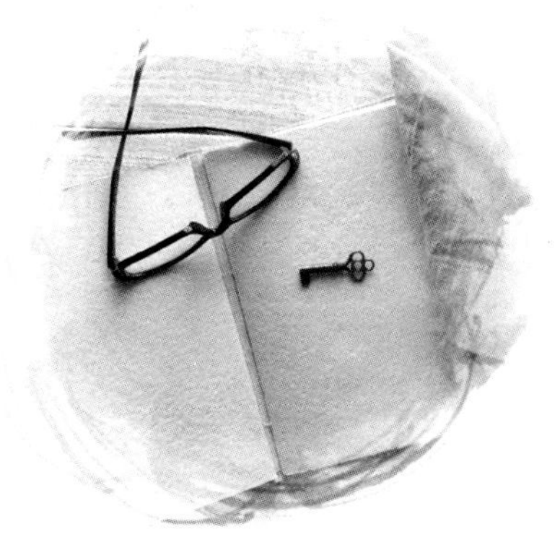

# 동티모르 야생커피

애야, 예까지 오느라 수고가 많았구나
얼마나 많은 역경을 견디어내며 고생했을까 싶다
수많은 친구들 중에 먼저 주인의 눈에 띄어야 하니
그 고생 짐작조차 어렵구나

얼마나 많은 날을 바람에 시달리고
장대비의 매질에 견디며 가다렸느냐
작열하는 태양에 얼굴 맡겨 연지 찍다가
끝내는 온몸을 빨갛게 태웠구나

애야, 네 속까지 까맣게 탄 너는
온몸이 가루가 되었어도 향기를 더하는구나
야생의 동티모르 커피야
너의 그윽한 입술을 더듬는다

# 시, 혹은 그 사람

언제나 생각나는 것도 아니고
필요할 때 나는 것도 아니고
가끔 맘 내킬 때 쑤욱 들어와서 사람을 놀라게 한다

불러도 대답 없고 잡으려 해도 저만치 달아나는 너
애써 허상인 줄 알면서도
네가 지나간 자리에 여운이 있다

네가 온 거니 내가 불렀니
바람으로 오시면 얼마나 좋을까
보고 싶은 생각이 겹겹이 쌓이는데

어두운 밤하늘 뭉게구름 타고
미끄럼틀 타며 가슴 치는 그
그대를 그리며 밤을 새운다

# 신발 이야기

먼 곳까지 가는 느림보 버스를 타고 여유롭게 따라 나선 시골 장날이다

가게 난간에 누워 말똥거리는 고양이 주인은 신발을 사지 않는다

축담에 가마니를 쌓아놓은 노인은 여유롭게 곰방대를 두드린다

꽁꽁 묶어 놓은 콩자루 옆 소쿠리의 고구마는 낮술에 붉다

톡, 하고 튀어나와 시장을 돌아다니고픈 알밤 형제들

약주 드시던 아버지의 국밥집은 없어지고 신발 집은 그대로 있다

아버지는 눈대중으로 딸의 꽃신을 눈대중으로 사 품속에 넣는다

앞줄에는 키 작은 슬리퍼 주머니 손 넣고 풍선껌 불고 있다

딸딸딸 껌 씹는 소리를 내며 골목을 누비던 이웃집

## 청년

친척 언니는 코 뾰족한 빽딱구두 신고 선보러 간다고 버스에 올랐다

엿장수는 가게 바닥에 널브러진 고무신을 눈독 들이며 연신 가위를 친다

구멍 난 신의 밑창을 덧대 때우는 아저씨 이마엔 팥죽 같은 땀이 흐른다

마가렛꽃이 숨어있는 여학생들의 하얀 운동화가 까르르 아침이슬을 녹인다

진열대 한켠엔 목 긴 장화가 목 쭉 내밀고 소품처럼 늙어가고 있다

오랜만에 고향 집에 들어서니 담장 밑에 댑싸리 한가히 마당을 쓸고

댓돌 옆엔 목 입 큰 장화가 흙이 굳은 채 나란히 놓여 있다

객지에 나간 자식이 올까 목젖 빠진 어버이시다

# 공짜 사글셋방

집을 보러 다니던 두 젊은이 이 골목 저 골목 집을 구하기 위해 발품을 팔고 다니다가 우리 집이 맘에 든다고 한다 안방은 우리가 살고 있으니 처마 밑도 좋으냐 묻자 좋다고 한다 아버지는 젊은이들에게 계약서도 없이 자리를 내주셨다

삼월삼짓날 이삿짐이 들어오고 분주하다 볏짚과 흙을 빚어 벽을 쌓고 한지를 바르며 설계도면 없이 집을 지었다 그들의 사랑은 팡파르가 울리고 둥지에 노란 개나리꽃 예쁜 자식이 태어났다 나는 이불을 들고나와 작은 새끼 제비가 추울 것 같아 아버지께 이불을 덮어주라고 했다 아버지는 웃으시면서 그들은 아버지와 어머니 가슴에 하얀 깃털이 이불이란다 하셨다

어느덧 커버린 그들은 외가댁 강남 갔다가 돌아와 지금까지 살고 있다 유년에 나는 그들의 사는 모습이 우리가 사는 모습과 비슷해서 그들과 한 지붕 밑에서

함께 꿈을 키웠다 집을 내어주신 부모님은 먼 길 떠나고, 이제 집주인이 된 제비는 수십 년 동안 임대료 한 푼 안 내고 공짜로 살다 주인이 되었다

# 식탁에 오르기까지

홀로 그 너른 논에 떨어졌을 때 나는 너무나 무서웠다
그러나 곁가지 뿌리내려 짙은 녹색으로 논을 채웠을 때
세상을 다 가진 듯 뿌듯했다

나는 열하의 햇볕도 바람도 마다하지 않고 익어가기
까지 손을 내밀었고
밤새 꿈을 꾸면서 맛과 향기를 단단히 여몄다
함께 울고 웃었던 세월은 또 얼마인지
나는 그렇게 누런 열매가 되고
탐이 난 참새들이 몰려와 내 머리를 짓누르고 쪼아
댄다
나는 몸을 비틀고 흔들며 온 힘을 다해 일렁일 때
메뚜기 화들짝 놀라 달아난다
콩은 논두렁에서 숨죽이고 엎드려 궁리 중이다
허허 허수아비 허울 좋게 웃고 있다

나는 밑동이 싹둑싹둑 잘려 바닥에 눕히고 아픔은 말

라갔다

이제 겉옷과 속옷을 벗은 채 하얀 알몸이 된다

찬물 샤워를 마치고 어두운 찜질방에서 뜨거운 찜질을 한다

"맛있는 밥이 완성되었습니다"라는 전자음이 울린다

나는 그렇게 밥이라는 이름으로 식구들을 불러 모으고 있다

# 설상가상

잎새 떨군 나뭇잎들
구멍 난 외투처럼 바람이 살갗에 스미면
옹기종기 웅성거리던 낙엽이 이 거리 저 거리에서 항거를 시작한다
겨울이 오는 을씨년스러운 계절의 길목에서 너는 떠났다
이태원의 수많은 젊은이들 죽음에 11월의 하늘은 슬프다

너는 생후 1개월에 우리 집에 왔다
너를 만나 웃었기에 웃는 즐거움을 알게 되었고
곁에서 속살거리듯 해맑게 자식처럼 살다가 모든 걸 두고
이카루스의 날개를 달고 하늘로 날았다
그곳에 숨겨진 영혼이 되어 우주의 품속으로 들었다

침묵으로 배어드는 너의 향기가

난향처럼 가슴속까지 흥건히 적셔오는데
돌아오지 않은 걸 알면서도 기다리는 마음
혹시나 하는 마음 한 자락 자꾸만 밖을 내다본다
오지 않을 것을 알면서도 기다린다, 슈*

19년을 함께 머물다 바람처럼 떠난
너의 빈자리가 휑하다

* 슈 : 강아지의 이름

# 즐거운 사과

언제 이렇게 컸지, 혼잣말을 하며
단풍처럼 붉고 탐스러운 볼살이 부푼 사과에 손을 대본다

사과꽃 뜨락에 햇살이 비치면
향기 오롯이 그의 붉은 열매가 된다
꿀벌이 날아와 하룻밤 잠을 청한다
불그레 수줍은 사과꽃 하얀 미소엔 주홍 향기가 들어 있다
바람이 볼을 비벼주고 나비가 노래를 불러주고
주홍빛 아침 이슬이 걷힐 때
벌은 주섬주섬 꽃가루 챙겨 다른 꽃으로 출장을 떠났다
이만하면 어젯밤 숙박비는 치른 셈이다
올망졸망 푸른 눈을 뜨고 세상을 바라보는 열매들
출장 다녀온 아빠를 반기는 아이들 모습과 크게 다르지 않다

아버지가 장에 갔다 돌아오실 때
달려 나와 반기던 우리들 저런 눈망울 가졌지
세 번을 굴복한다는 삼복더위에도 굴하지 않고
팔뚝에 매달려 온몸을 데운 붉은 얼굴을 내민다

불편을 끼쳐 드린 점에 심심한 사과 말씀드립니다
심심한 사과는 없다
하나도 안 심심한데 사과 말씀이라 높여주니 싫지는 않다
어느 정치인은 사과 상자에 검은돈을 받고
또 어느 회사는 사과문에 심심한 사과문을 냈다
꼭 심심하다고 해야 하는가
꿈에 사과를 사는 꿈은 사업을 성공을 이끄는 꿈
아기가 미래에 부자 되는 태몽 꿈
재산이 늘어나는 과일로 다양한 상징이 있다

우리에게 온몸을 바치는 사과는 사과할 게 없다
심심하지 않은 사과는 달고 맛있다
한 입 베어 물고 보면 즐거운 함박웃음을 웃는다

# 생활은 빵깨놀이다

급변한 영하의 날씨에 잠이 덜 깬 새벽이다
더 자고 싶은 이불속의 유혹을 덜어내고 일어났다
밥솥에게 밥을 하라고 시켜놓고 칼은 도마를 깨우고
냄비 속 물 넣고 고기 무 대파 넣었다
딸깍 불 켜는 소리에 치열해진다
밑바닥을 핥아대는 불꽃에 다급한 목소리다
환풍기는 잠을 깨웠다고 아우성이다
김치 오이무침 가지볶음 계란말이 반찬으로
청초한 맛의 비상 웃음으로
식탁 위 국 한 그릇 비운 하루의 과업처럼 살아가고 있다

뒷산 큰바위 지붕 아래 깨진 사금팔이 옹기 조각 다 모아 세간살이 장만하고
풀잎 따다 반찬 만들고 꽃잎 화전 모래로 밥을 지어 먹고
공기놀이 땅따먹기 고무줄놀이 숨바꼭질 놀이로

추운 줄 모르고 놀다가 해질녘에 집으로 간다
환영처럼 떠밀려오는 높은 꿈들은 가슴으로 품고
큰바위 지붕에 기억으로 새겨둔다
엄마놀이 아빠놀이 병원놀이 부르지도 않은 곁에서
아기처럼 챙겨주고
모락모락 피어오르는 유년의 빵깨놀이 둥근맘 담아본다

함께 동내를 누비며 놀던 코흘리개 그들은 전설이
되어
물소리 바람소리 쉬지 않고 살포시 햇빛 달빛 밟고
지나
많은 이야기들을 가만히 따뜻한 찻잔에 녹여본다

* 빵깨놀이 : 빠끔놀이, 소꿉놀이의 방언

# 참 다행이다

2021년 4월 12일 이사를 가게 되었다
짐을 정리하다가 장롱 깊숙한 서랍 속
오래전 당신이 보내온 편지를 발견했다
누렇게 빛바랜 편지 속에는
아직도 노란 잎 하나 붉은 단풍잎 하나가
고스란히 피어 있었다

하나가 된 그대 일편단심 민들레 되어
불인 줄 모르고 가슴에 넣었다
그 푸르름 속에 화상을 입었다
향수처럼 피어오르는 연분홍 새악시
모습은 희미해졌어도 고운 자태 선연한 백일홍
선홍빛 동맥처럼 빨갛게 피어 있는 당신
밤이면 밤마다 꿈 밭을 내달리던
큰 걸음 한숨에 달려와 반겨주던 아련한
당신 편지를 지금이라도 받아 참 다행이다

지나간 바람에 실려 온 소나기 같은 당신의 숨결
모락모락 김 서린 이야기들
수없이 세월이 흘러 흘러도 장롱 깊숙한 서랍 속
먼 과거로부터 피어오르는 내 안의 당신
가슴 한켠에 켜켜이 묻어 두었던 자만추*의 기억

지금이라도 당신이 보낸 편지 받아보아
참 다행입니다

* 자연스런 만남을 추구함

제2부

# 새 달력

# 구멍 난 바지

1.
새 학기에 신나게 학교 가다가 돌부리에 걸려 넘어졌다
아야, 피가 났다
무릎이 깨지고 바지에 구멍이 났다

누구야
땅속 깊이 박혀있던 돌이 비 온 뒤 드러났던 것이었다
나는 돌을 째려봤다
단단한 돌멩이는 틈이 없다
성질나서 한 번 더 발로 찼다
(….) 아픈 발을 절뚝이며 물러설 수밖에

2.
돌부리도 슬그머니 화가 났다
자기가 와서 걸려 넘어진 게 내 탓이라니
손이 있으면 돌을 던져 때리고 싶다
돌은 눈이 없다

세상에 있는 자가 더하다더니 눈이 없다고 욕하고 발로 찬다
눈뜨고 뭐 하는 거여, 눈 있는 놈이 잘 보고 다녀야지
어디 박힌 돌 빼려고 발로 차고 덤벼드나, 허허허

3.
양호 선생님께서 빨간 약을 발라 주셨다
며칠 몹시 쓰리고 아프더니
새살이 돋아 상처 위에 꽃이 피었다
훈장처럼 구멍 뚫려 찬바람이 숭숭 들어오는 바지
순진이는 멀쩡한 청바지를 찢어 야단맞고
재숙이 춘식이 정한이도 찢어진 바지를 입고 학교에 왔다

그날부터 돌을 보면 주워서 길 가장자리에 두고
등산로 길에 돌과 나뭇가지며 낙엽을 치웠다
내 뒤에 오는 길손이 다칠까봐 습관처럼

# 새 달력

그는 초겨울에 태어났다
만삭인 엄마가 언덕을 굴렀을 때
그믐달이 길을 잃고 엉엉 울어도
서랍 깊숙한 곳에 배냇저고리 무명 기저귀
빨랫줄에 걸려 포근한 이불 덮어준다

거리를 엉금엉금 기어 다니던 그가 다칠까
여기저기 자동차 바퀴는 헛돌아 구토하며 구조를 기다린다

매섭게 할퀴고 간 그때는 겨울

그를 기다리던 사람들은 케이크와 샴페인으로
촛농이 녹을 때까지 기도를 한다
첫사랑이 이루어져 결혼을 하고
첫 수능 만점이다
대학 원서를 쓰고 새해 첫날 맞이한다

어쩌면 봄인지도 모른다
복수초 동백꽃 기우뚱한 골방을 더듬거리며 잠잘 때
그는 태어났다

카톡카톡
계속 전화벨이 울린다

# 별똥별에 발등을 찧다

아궁이 불길처럼 뜨거운 여름날
마당에 모깃불 쑥대궁 연기가 피어오르고
멍석에 나란히 누워 별을 세다 잠이 든다

비행접시를 타고 무전여행을 떠나 우주를 떠돌 때
저쪽 건너편 한 남자가 나를 쳐다본다
어떤 예감처럼 나란히 앉아 밥상을 받는다
오지에 푸진 밥상이 게미지다
굴비를 발라 얹어 주시던 손
안개 속의 그림자가 눈을 비비고 걸어온다
아가야, 부른다 무슨 일이 일어날 것 같다
은하철도는 999년을 떠돌다 은하수가 흐르고
머털도사는 머리카락 한 가닥으로 점을 치고
구름과 비를 몰고 와 해를 가린다
하늘을 나는 양탄자는 중동의 국왕 상투를 잡고 흔들어
가자 지구와 시리아에는 스파크가 튄다

〈

뉴스를 꼼꼼히 챙겨 본다
터져 나오는 말들은 애써 모르는 체 더듬거린다
난데없이 광채가 순식간에 날아와 발등에 떨어진다
검은 운석, 지구의 형제를 오억 년 만에 만났다

화들짝 놀라 잠이 깬다
느낌이 좋아 나는 복권을 샀다

1등 당첨, 어서 번호를 맞춰봐야지

# 마지막 남은 달력 한 장

열한 달 뒤에서 머물다가 앞으로 다가오니
친구들은 다 떠나고 나만 홀로 남았네
마스크 없이 집 밖을 나갈 수 없던 700여 일
첫눈이 내려 세상을 하얗게 덮는 동안
나무는 무거운 고개를 들려고 애를 쓴다

한 줌 볕이 다가와 무거운 고개를 받쳐준다
어둠이 있을 때 실망을 보듬어주던 빛
많이들 힘든 날들이어서 빛이 없을 거 같은 그런 시간
머물러 있어도 볕은 찾아 든다

친구들과 젊은 사장이 운영하는 카페에 들렀다
보기에도 안쓰러울 만큼 조용하다
카페를 접고 직장에 취직이나 한다고 한다
좋아질 거라고 격려를 보태주긴 했지만
카페의 젊은 사장이 어두운 터널을
어떻게 일어설는지 걱정이다

하나둘 주인은 떠나고 없는 빈 가게들
언젠간 어둠에도 빛이 찾아들겠지

눈 오는 아침 눈 멎은 사이로 빛이 들고
빛의 생명이라도 부여잡고 일어설 때
돌아설 수도 더 갈 수도 없는 이공이일년 십이월이
새해에는 더 밝은 빛과 희망으로 스며들기를 바란다

# 20리 위수강 둑길

가을이 오면
고향의 20리 강둑길을 걷고 싶습니다

누가 기다리지 않더라도
파란 하늘의 뭉게구름에 저절로 마음이 열리는
울긋불긋 전혀 낯설지 않은 코스모스길

풀 뜯던 누렁이 목말라 한 모금 목축이던 강물 언저리
누렇게 벼가 익어가는 논둑길에 앉아
쫓으라던 참새 떼들을 그림으로 그리고 싶습니다
갈대 꺾어 입에 물고 하늘을 보면
하얀 구름이 지난날 그리움들을 불러오는
고향의 20리 강둑길을 걷고 싶습니다

가을이 오면
가슴 한쪽 그리움의 문을 열고
소 팔러 가신 아버지와 장에 가신 어머니를 기다리며

내 고향의 20리 강둑길을 오르내리고 싶습니다

## 귀향

오늘은 아버지 제삿날
고향 가는 길 어제부터 설레었네
잠 못 들어 뒤치락거리다 늦잠이 들었네
풍등 타고 해오름 맞으니
어릴 적 해밍산 그 모습이네

학교 가야지 엄마 말에
아침이슬에 흰 운동화 흠뻑 적시며
책가방 도시락 둘러메고 고개를 넘어가네

십리 길 단숨에 뜀박질 달려간 학교
여덟 살 또래의 친구들은 가족과 함께
우주의 광활한 국경을 넘고 있네

꿈속은 여전히 초등학교 입학하던 날
가방 메고 아버지랑 국경을
널뛰듯이 달려 들어가네

## 의성향교의 가을

그대가 너무나 보고 싶습니다
갑자기 숨 막히는 거 있죠
왜 이렇게 이뿌노 내 새끼
그대 목소리 못 들어도 얼굴은 볼 수 없어도
가을이 오면 그대 목소리가 가까이 들리고
멀리 있는 어린 시절 친구들을 만나고 싶습니다

바람이 내 고향에 간다기에 그를 따라 나섰습니다
산은 색동저고리를 갈아입고 반기네요
한가로운 하늘엔 바람과 구름 장난이 한창입니다
그저 해님은 지그시 눈감아줍니다
바람이 불고 꽃이 흔들리고 있네요
내 마음 그대 찾아 떠나가고 있어요
그대 있는 그곳도 바람 불고 꽃들이 흔들리나요

세상 고난을 이겨낸 황금빛 선물
동맥처럼 고동치는 심장 박동 소리에 설레입니다

부끄러운 알몸 들어내는 나뭇가지들
얼마나 이날을 기다려 왔던가
인고의 세월 속에 불어오는 회환의 눈물인지 몰라
한무리 되어 영글어가는 회생의 아름다운 그

온 누리를 따뜻하게 색칠해주는 어느 가을날
억새풀 드러누울 때
나는 바람의 글 읽는 소리 듣습니다

# 무너미라 불리는 수월

초록 들판 노랑나비 날고
하늘의 햇살은 황금빛으로 부서진다
가로수와 조림수로 들여온 포플러가 초등학교 등굣길
완행버스 지나간 신작로 가에 허연 먼지를 쓴 채 서
있다

여인의 속치마 벗어 놓은 듯한 연한 금빛 모래
강물은 넓게 흐르고 바람막이 포플러가 숲그늘을 만
든다
구름은 포플러 머리 위에 앉아 한가로이 놀고
나무 꼭대기 말매미는 힘차게 울어 재친다

단밀 도리비 부속마을 물 너머 있는 동네라는 뜻이다
재방이 없어 물이 불어나면 마을로 물이 넘어갔다고
하여 수월
하천 부지에 작은 원두막이 있어 햇살과 비를 피할
수 있는 곳

저만치 맨발로 수박밭을 일구던 부부
살구재 아래 목사동에 살던 파평윤씨 일가족이
신천지를 찾아 피땀으로 일구며 정착하던 그곳

구불구불 청보리밭을 가로질러 초등학교까지 걸어 다니던 곳
논에 물을 먼저 대기 위해 아귀다툼 현장이었지만
추수 끝난 휑한 넓은 들에 펼쳐진 밀레의 만종과
이삭 줍는 여인들의 서정적인 그림을 보고 자란 곳이다

# 무릉도원에 살다

딸아, 이곳에 오면 나는
늘 밖이 보이는 창문 앞에 앉는다
네가 내게로 오던 그날 그때는 시월이었다

통행금지 사이렌이 왱, 하고 울린다
내 몸이 이상이 온다
산허리 어디쯤에 꼼지락거리는 너
언 땅을 가만히 녹이고 있으니
하늘이 노랗다고 했다
그러나 나는 천지 간이 기우뚱거렸다
암흑이었다
어렴풋이 귓전에 아기 울음소리 들려오고
개천절 아침에 툭 터지는 햇살 따라온 새 생명의 첫날

너는 영원한 나의 복사꽃으로 태어났다
너에 반하여 동산 맞은편 언덕배기 따라
나지막한 산허리에 곱게 피어 있는 도화동

나는 그곳에서 평생 살았다
너와 함께 사는 동안 매 순간 절정의 복사꽃이 피었다
백도 황도 중에 화영도 으뜸 중에 으뜸이었다

수천 년을 이어온 나는 너로 인해
평생 동안 무릉도원에 살고 있었다

# 등록금 한 상자

사과 한 박스가 택배로 도착했다
육백 킬로미터를 달려와 우리 집 앞에 머문다
택배 박스는 아버지의 지게를 대신해 주었다
나는 웃으며 사과를 깎는다
붉은빛으로 가지런히 접시에 오른다
한 조각 베어 입에 넣고 오물거린다
아버지의 미소 같이 알 수 없는 향기로 진동한다

사과를 딴다
빨갛게 익은 웃음을 박스에 가지런히 담는다
그녀의 꽃무늬 슈트의 풋풋함을 사람들은 칭찬한다
어쩌다 검게 파인 점
박스 가장자리에 하얀 이를 드러내며
얼마 전 다녀온 봉화산 이야기를 한다
가을 풍광에 시간을 잊은 듯
산처럼 머물러 살고 싶다고

사과의 껍질을 벗기듯 아버지 허물도 벗겨진다
단맛이 든 사과는 오 남매의 2기분 등록금이다

# 어머니와 곰탕

추억 너머 숨어있는 흑백 사진 속 시댁에는
할머님 어머님 아버님 세 분이 사셨다
어느 날 어머님이 겨울 감기로 병원에 입원하셨다
동서랑 둘이서 병원에 들렀다
동서가 어머님 제가 곰솥 사왔어요
집에 갔다 둘게요
어머님은 방긋이 웃으시면서, 오냐…
곰탕 드실 생각에 퇴원할 날을 기다렸다
커다란 스텐 곰솥이 비어 있었다
기분이 상하신 어머니는
도대체 곰탕은 어디로 가고 빈 솥만 보여
그 많던 곰탕을 두 분이 드신 걸로 오해하셨다

퇴원 소식에 전화를 드렸다
얘, 에미야 곰탕 어디 두었니
네 곰탕이라니요
잘못 들었나 싶어 다시 여쭈었다

작은 에미가 곰탕 두고 가지 않았니
아니에요
얘 봐라 너도 들었지
나 병원에 있을 때 곰탕 끓여서 두고 간다고 했지, 하시며
분명히 그렇게 했다고 역정을 내신다

아, 어머님 그게 곰탕이 아니고 곰솥이에요
그러자 어머니는 병원 내내 곰탕 생각에 좋았지만
못 드신 곰탕에 기분이 언짢으신 모양이다
알았다, 슬그머니 수화기를 내려놓으셨다

오 척 단신 왜소한 몸으로 아들 사형제를 길러낸 분이
세월의 빛바래듯이 당신 몸이 타들어 가는 줄 모르고 일하시다가
한 쪽 귀가 잘 들리지 않은 불편함이 생겼다
덕분에 가족들은 목소리가 커지고
반복적으로 얘기하는 습관도 생기고 웃음도 났다
잘 들리지 않는 한쪽 귀로 헷갈릴 만하니 어쩌나
큰소리 낸 며느리는 곰탕을 끓이고 동서는 보청기를 사드렸다

곰솥을 곰탕이라고 우기신 어머니 덕분에

온 가족이 둘러앉아 곰탕을 먹으며 웃음이 담장을 넘는다

지금은 어머님이 안 계셔도

곰솥과 곰탕만 보면 슬며시 웃음이 난다

## 너에게 반하다

- 디카시

내 목에 두르고 싶어
하늘이 둘렀던 스카프를 풀었다
내 몸이 더 빨갛게 달아오른다

# 부모님 산소에 다녀오다

조금 늦은 잠 탓에 아침이 분주하다
평상시에는 드립 커피라도 한 잔 내려 여유롭게 보내고 시작하는데
어버이날 꽃 준비했다 가지 않으면 걱정하실까 봐
가는 것만으로도 웃음꽃 피우시니 웃게 해드리려고 부산을 떤다

아버지의 혼을 받아 어머니 태에서 분리되어 나온 나
처음 당신을 만나 울었다
당신이 아프면 내가 아프고 슬프면 나도 슬프다
내가 환하게 웃으면 그날은 기쁨의 미소가 일고
배냇저고리 이불 기워 두고 베갯잇 수를 놓던 그날
한땀 한땀 어머니 기도가 된 산봉우리 봉우리에 꽃 피어나고
흰 구름 산허리 살포시 품고 꾀꼬리 목소리 고와 이슬이 또르륵 흘러내리듯
톡톡 던지는 것을 공손하게 받으며

바늘 같은 빗방울도 둥글둥글해진다
툭툭 쏘아대는 말을 가슴으로 받던 당신
송곳 같은 자식 사랑으로 쓰다듬고 따뜻하게 품어
가슴 한 켠에 모여 있던 눈물
삶의 무게 버거운 사랑 다 흘려내리고
여기에 나란히 젖줄이 되어 나를 기다린다
당신 가슴 찡한 감동을 담고 애절하게 보고 싶은
언제였는지 기억만 남았던 향기를 담고 있는
봉화산에 나란히 솟은 두 개의 봉분

부모님 육신은 흙 속으로 사라졌지만
어느새 맑고 하얀 꽃송이 피우셨네
왜 이렇게 눈물이 나는지
나란히 솟은 어버이 젖가슴을 어루만진다

# 아버지와 목화솜 이불

장롱 속에서 잠자고 있던 목화솜 이불이
지진으로 고생하는 튀르키에 구호 물품으로 갔다

찜통 같은 더위도 한풀 꺾이고 아침마다 가을이 왔다
오늘은 아버지가 날 보러 오시려나
솜 틀러 장에 가신 아버지 약주 한 잔에 목화꽃 핀다
올망졸망 오 남매 아랫목에 나란히 누워 빗소리 언어를 배우고
아버지는 짙푸른 코트 자락 흩날리며 바람에 맞서 춤을 춘다
뜰 가득 피어난 무명 꽃, 눈 안은 시끌벅적 잔칫집이다
바람은 구름을 부르고 구름은 해를 지나는데
강아지는 제 그림자에 홀려 뛰어다니기 바쁘다

아버지 심고 가꾼 다래 씨 발린 목화솜
천을 재단해 켜켜이 솜을 놓고 청색 홍색 호청을 덮

는 어머니

슬그머니 이불을 덮어주는 그 사랑 떠나간 밤

자리마다 여문 수로 놓이는 아버지의 시조창 한 땀

영원의 단추는 채워지고 나는 엄마가 되었다

청국장과 술독을 감싸고 떫은 감을 우려내는 이불속은 온장고였다

놀다 돌아온 아이 몸 녹여주는 이불에 묻어둔 밥 따뜻했다

그때 퇴근할 때 사 오신 찐빵은 내 창가에서 달이 되었다

## 연어들의 회귀
- 디카시

한밝산 줄기 뻗어 화산이 되고 위수강 흘러내려

쓰나미 토네이도 재우고
햇살이 뿌려진 황금들녘 안계벌 내려
모두 서둘러 모교에 하차하고 만다

졸업식 날 교문을 나서던 치어들

제3부

# 아카시아꽃과 종소리

# 아버지의 계획

이른 아침 비행기를 탔다
해가 비치자 산언저리를 휘감던 억새풀
농부가 된 아버지의 언덕엔 구름의 운해가 황홀하다
그의 계단 논이 꼬리를 문다

논뙈기에 그어진 오선지
아버지는 곡괭이와 삽으로 씨앗을 작곡하셨다
불볕의 농토에 씨앗은 싹이 트고
빗소리는 태교의 강의로 꿈을 키운다
바람의 연주에 황금들녘이 만삭의 몸을 푼다
오 남매 논두렁 뛰어다니며 까르르 웃을 때
아버지 가슴에는 노다지 광산의 등이 켜진다
늘 이발사처럼 논둑의 풀을 깎아 바소구리 가득히 담길 때
누렁이도 좋아 큰 입을 벌리고 웃고있다

아버지는 다 계획이 있으셨다

내가 자라서 논둑을 다듬듯이 시인이 될 것을
내 시는 아버지의 다랭이논 논두렁이다

# 친구를 만나러 가다

시우들과 설악산 주전골에 도착했다
깊고 푸른 숲속 단풍은 축제의 꽃등을 켠다
해무는 햇살의 급류를 타고 드라이아이스를 피어 올린다
윤선도의 산수화가 피날레를 장식할 즈음에
소나무의 청초함에 나이테를 모르고 서 있다
우뚝 솟은 바위 넓적한 등을 내밀 때
개울물 노래 부르고 선녀의 날개옷이 펼쳐진다
빈대떡 코다리찜 열무김치 파김치 가을 맛을 내고
막걸리 한 사발에 억새 무용수는 훌라춤을 추네
단풍나무 호들갑 떨며 무대를 장식하는 퍼포먼스
뭇 새들의 하모니로 숲이 달구어질 무렵
나는 계곡물의 코러스를 들으며 다리 난간에 앉는다

단풍나무가 나이 먹는 줄 모르고
바람의 심술에 울그락불그락한다
나이를 넘어서는 소나무 친구

듬직하게 지켜주는 바위 친구
허물을 나눌 수 있는 지기지우
자네들 만나러 여기까지 왔다네

## 가죽장갑의 연

그해 겨울 나는 예쁘게 포장된 선물 상자를 아버지께 건넸지
늘 움츠리고 주머니에 넣고 다니던 아버지의 손

아버지는 내 앞에서 조용히 장갑을 끼셨지
기형의 나무처럼 입김을 담은 아버지의 손가락은
이내 따뜻해지고 날개를 달아 하늘을 날고 있었지

올겨울 처음 가죽장갑을 꺼내 끼던 순간
검은 그림자 드리우고 하얗게 질려
애써 소리 질러도 워낭 소리만 긴 울림으로 퍼진다
소죽을 쑤던 굴뚝의 연기는 영혼의 상흔이 바람을 타고 눈이 내린다

내가 사드린 장갑을 끼고 장에 가시던 아버지
긴 줄 목에 걸고 묶인 장갑은 온 시장을 누볐지
그날도 약주 한 잔에 페르시아 왕자 노래를 부르며

대문을 들어선 아버지는 장갑은 꼭 챙기셨지

첫 월급으로 사드린 가죽장갑
나는 내 장갑에서 아버지의 이야기를 듣는다
온몸에 온기가 흐른다
우리 부녀에겐 대를 이어주는 장갑이 있다

# 엄마는 나리꽃

아침저녁 된바람 오싹한 한기
가는 가을의 아쉬움에 마곡나루 서울식물원에 드니
주제원에는 제법 다양한 나무와 식물들이
나라별로 가지런히 정리되어 겨울 채비를 마치고 있었다

4층 높이의 온실 정원에는
키다리 뚱보 앉은뱅이 가시를 품은 녀석 빨강 머리띠
해만큼 달만큼 멀리서 왔어도
웃음이 끓어오르는 뚝배기 속 두부 호박 멸치처럼
언어는 달라도 모락모락 피어오르는 이야기들이
별처럼 반짝이며 하늘만큼 웃는다

모락모락 김 서린 이야기들에 당신의 모습이 떠오른다
가만히 눈을 감고 그려 보았지만
당신은 물안개처럼 떠올랐다 사라지는 꽃이다
도쿄 신주쿠현에서 태어난 1930년생 당신
나리나리 개나리의 암술처럼 긴 속눈썹의 나리꽃

〈

그녀는 속눈썹을 깜박이며 속삭이는 사랑을 주고
햇볕이 무너져 내리던 8월 15일에 천상으로 떠났다
그녀 떠난 자리 싱그러운 풀숲에는 참나리꽃이 피었다
그녀는 없지만 나리 나리 개나리 고무줄놀이하는 아이들
나리꼬 나리꼬, 당신 꽃이라는 노래 소리가 귓전에 울린다

나리꼬 엄마 당신의 이름만으로도 가슴이 먹먹해
눈물나게 하는 엄마 이름 나리꼬, 참나리꽃
천사처럼 곱고 아름다운 그 모습 선연하게 남아있다

# 영산홍 고모

꽃구름 머리에 이고 하늘길 걷던 날
연분홍 붉은 봄 곱게 피네
밤마다 담장 밑에서 뻐꾹뻐꾹 우네
뻐꾸기 울 때마다 밥맛이 없다던 그녀
아무도 모르게 신발을 들고 살금살금 까치발로
부엌 뒷문으로 나가네
뒤뜰 담장 밑 인기척에 아버지는 모르는 척
웃음 지으시고 고개를 끄덕이시네

그런 그녀가 시집을 간다네
외투 원피스 구두 혼수품이 들어오네
소녀는 혼수를 걸치고 마당을 빙글빙글 돌기 시작하네
구두는 발이 반쯤 걸려 따따따각 밤 메아리로 정적을 깨우고
앞산 머리에 달이 뜨면 옷은 질질 끌리고
달 토끼 내려와 마당에 멍석을 깔고 앉아 장단을 맞추면

소녀는 어느새 덩실덩실 춤을 추며 훌쩍 커버리고
저 고개 넘어 걸어오는 숨결
비바람 맞고 천둥소리 들으며
울컥 솟구쳐 오르며 꽃 한 다발 쑥 내미네

그곳에는 붉은색을 좋아하는 고모가 산다네
굽이굽이 진달래 뭉게뭉게 피어 있는 그 길을
붉은 스카프 두르고 붉은 구두를 신고 간다네
밋밋한 성격의 진달래 다음
영산홍 철쭉, 고모가 시집을 가네

## 현충원에서

올해도 안 가면 나에게 섭섭할까 봐
막걸리와 컵 수건을 챙겨 현충원에 갔다

마음의 커튼을 열고 밖을 내다본다
바다가 펼쳐져 있다
모래사장이 길게 늘어져 있다
바람은 파도를 데려와 모래 위에 얹어준다
사라졌다 또 온다

하루를 밑줄 긋듯 맞물린 하늘에 걸쳐진 노을은 멍석을 깔고 앉아도
부서진 모음들은 바람의 억센 손아귀에 안간힘을 쓰다가 조용히 드러눕는다
청춘의 비릿한 냄새
스케치 밑그림으로 잠든 별들이 흘러내리는 소리
모서리에 부딪혀 터져 나오는 비명이 바깥으로 샐까 봐
간신히 이명으로 들린다

저 멀리 먹구름에 휘감긴 무연고 병사들 파고의 파문이 되어
아무도 모르는 사이 지워지는 그림자 꾹꾹 눌러 삼킨 유월
갈맷빛 품에 안겨 아픔을 씻어낸다

무후 선열의 위패를 수건으로 닦아주고
무연고 병사비에 막걸리 한 잔을 올린다
내년에 또 오리라 쓰다듬고 위로한다

# 동문산악회 시산제

청계산 숲 꽃그늘 아래 빗장 진 얕은 숲길을
봄볕에 미소 짓는 연둣빛 풀향기의 노래가 좋다

물이 맑은 계곡 청계산 바람 재운 터 좋은 곳에
계묘년의 시산제를 준비했다
사과 배 밤 삼색 과일에 떡 전 나물을 올려 상을 차린다
운 좋다는 돼지머리를 제단 상석에 올리자
눈을 지그시 감은 채 입꼬리 올리고 흐뭇하게 웃고 있다
건과 도포를 입은 제관이 술을 따르고
축문도 읽고 각 기수 별로 예를 갖춰 참배를 했다
모두들 오른손 들고 한해의 무사 산행과 가정 평안을 기원하는 선서를 하고
삼삼오오 둘러앉아 제사음식을 나누어 먹으며 음복을 했다

냇물이 바다에서 서로 만나듯이 애틋한 정이 만난 동문산악회

노란 개나리 연분홍 진달래가 물결치는
산도 사람도 이리 정겨울 줄이야

## 재개발

불광천(을 향한다 저마다) 갈길은 바쁘다
차가 막혀어 답답(함을 달래는 듯하)며 큰길을 우회해서 쭉 걸어가는데
옛날 분위기 물씬 풍기는 길목에 들어(선 속옷 가게까)지 정겨운 풍경을 꼽씹어본다
수도권 광역 급행철도(GTX 연장선) 공사가 시작되어
가림막으로 도로(를 막고 공사 구)간이다
교통은 혼잡(하고, 도로의) 곳곳에 공사중 표지판이 이어져 있다
길 건너편 예일(여고를 지나 역) 옆으로 불광천이 흐른다
하천 뚝방길을 (따라 늘어선 가로)수 산책로를
천천히(내려 갔다. 불광천)은 생태하천을 중심으로
산책코스 자전거 도로가 나란히 (연결되어 걷기)운동 하기에 좋다
몇해 전에는 (여기저기 제)멋대로 쓰레기 잔해와 오수로
물비린내 같은 냄새와 (악취가 나고) 생태계 파괴로

생활 하수가 흐르던 도시하천에 풀만 무성하던 곳이다
　레인보우교와 징검다리도 (연결하고 정화)사업으로
　오리 가족은 주인인 듯 활개를 치(며 헤엄쳐 다)닌다
　하천 변에는 노루오줌 나팔꽃 달개비꽃 토끼풀 등
잘 모르는 (풀들이 심겨) 있다
　무궁화 동산을 지나 장미 정원이 있(다. 장미꽃 터)
널 근처에는 요즘 계절이 따로 없듯이
　단풍이 곱게 물들어 (꽃은 없지만,)
　불광천에서 만난 (행복한 일은 매)일 웃음꽃으로 핀다
　하늘을 보(니, 내일 걱정은) 안 해도 되는 것이다
　그는 거울이 되어 (마음이 환해졌)다
　오가는 사람들은 (즐겁고 마음의) 거리가 가까운지
　정이 느껴져 가(고 있어 지루)하지 않은 도심의 공
간으로 자리매김할 것이다

* ( ) 괄호 안 글자는 앞뒤를 이어 시를 쓰라고 과제로 낸 찢어진 인쇄물의 글씨

# 다음에 밥 한번 살게

그렇게 말할 때 나는 이미 저 멀리 떠나갔다
나는 종착역이 어딘지 모르고 차에 오른다
전화를 걸지 못했다
오늘도 말없이 견디고 있다
잔잔한 가슴팍에 안겨서
어제와 다름없이 말할 때 바로 나는 먹이고 달랬지

모퉁이 골목길은 매섭기만 한데
떠도는 밥 냄새가 내 목구멍을 감싼다
우리 근사한 저 집에서 밥먹자고
밥 먹고 근사하게 차 마시자고
갯내음 성글성글 다가오는 파도의 연주를 들으며
걷자고 말할 때 나는 벌써 거리를 헤매이다가
어디론가 멀어지고 만다

나는 온기를 움켜쥐고
세상 모든 기약을 불러 세운다

# 깨가 쏟아지다

운동화 끈을 동여 매고 풀섶 길을 걸어간다
고층 아파트가 줄지어 서 있다
가던 길을 멈추고 하늘을 바라보니
깨가 쏟아진다

삶에 가려진 하늘이 당신 같아서
꽃송이 올망졸망 하늘 높은 집을 짓는다
집 짓는 공사장 노란 안전모를 쓴 일벌들
태양의 열기도 마다하고 별 한 사발 물고 입질하며
그들의 언어로 왕왕 잘도 쌓아 올린다
바소꼴 잎은 톱질을 돕고
비 한소끔 내려 더위를 식혀주고
바람은 초록의 벽돌을 놓아준다
그러나 꽃술 위에 하얀 설렘에 노닐다가 계절은 가고
초록의 짙은 벽돌 건물에 누런 페인트 도색이 끝나면
건물 앞 마당 축제를 준비한다

풍년 깨 농사에 농부가 빙그레 웃으며
작은 막대로 가볍게 깻단을 턴다
이마의 땀을 훔치고 마루에 걸터앉아 신발을 벗으니
신발 속에서 깨가 쏟아진다

# 뉴질랜드 여행기

지구의 남쪽 뉴질랜드로 여행을 갔다 오클랜드 공항에서 현지 가이드와 인사를 나누자 공항에서 빨리 수영복을 입고 겉옷을 입으라고 재촉한다 이유를 모르던 나는 버스에 올라가던 길 내내 궁금했다 의문이 풀렸다

샤워 시설이 없는 노천이다 온천 유황 냄새가 태평양에서 불어오는 바람을 타고 훅 온몸을 감싼다 볼 빨간 사춘기의 여행에 배경(BGM)을 깔고 신나게 덩실거리며 선녀가 되어본다 솟구치는 간헐천에 몸을 담그며 여독도 풀었다 호수와 조화를 이루고 칼데라섬 어디선가 귀에 익은 멜로디가 들려온다 우리에게 연가로 알려진 마오리족의 민요였다

생태보존구역으로 지정돼 일부 사람만 허가를 받아 방문이 허용됐다 섬에 들어서니 마오리족이 한영 의식으로 맞이한다 부족장이 전통 무술을 선보이며 우리를

맞이해주었다 코를 두번 맞대며 돌아가며 인사를 했다 여자들은 전통춤 포이로 남자들은 타이히아의 무술 전사적인 몸짓으로 혀를 아래로 내밀면서 구호를 힘차게 외친다

우리나라와 계절이 정반대인 먼 이국땅에
내 이름을 단 나무 한 그루가 있다는 사실에
내 분신이 하나 생긴 듯 든든하다

# 아가시야

아가시야
까만 머리 희끗희끗한데도 아가시야
머리가 까만 게 아카시아지
아카시아꽃은 하야니
흰 머리 있는 내가 아가시야

그래 맞아 맞아 오월 오월이 오면
아카시아는 아가시야
아카시아~ 아카시아~
아가시야~ 아가시야~
난난난난 아가시야꽃

아카시아는 머얼리서
향기로 유혹하지만
가까이 다가서면 가시 곧추세워
도도하게 경계한다 너~ 너~
네가 아가시야

그래 맞아 맞아 오월 오월이 오면
아카시아는 아가시야
아카시아~ 아카시아~
아가시야~ 아가시야~
난난난난 아가시야꽃

* 아가시 : 아가씨의 경북 방언

# 자갈치

서울역에서 ktx를 타고 부산으로 갔다
부산, 하면 꼭 들러야 할 자갈치시장에 들어서니
시장 안은 아주머니들의 손놀림으로 부산하다
꽁치 삼치 붕장어 각종 어종이 저마다 몸매를 자랑하며
일렬로 누워서 손님을 기다린다

아뿔싸, 은빛 뽐내던 갈치가 연탄불 석쇠 위에 누워
자갈자갈 온몸에 기름을 짜내며 심판을 받고 있다
그는 은색 슈트를 입은 상남자 해군장교
꽁치는 제 맘을 꽁꽁 묶어두고
삼치는 두고 온 식구들처럼 눈에 삼삼한데
언제 도망가 바다로 돌아갈까 꼼수를 부리는 꼼장어
멸치는 지레 겁에 질려 지리멸렬하다

나는 시장 골목을 지나가는데
가치 가요 가치 가요

자 가치 가요 가치 가요
나를 부르는 것 같아 뒤돌아보니
갈치 한 마리 덤으로 주며 갈치 가져가요 외친다

자 갈치 가치 먹자
갈치를 가치라고 한 젊은이의 말소리가
파도 밀려드는 자갈밭처럼 자갈자갈하다

# 아카시아꽃과 종소리

안산 자락길 정자 앞에서
책갈피에 넣어두려고 아카시아꽃 꺾으려는데
뎅, 요년… 하는
봉원사 종소리에 놀라
꽃에게 목을 꺾으려 했으니 미안하다고 사과한다

나 그대의 말 기억하였다가
아카시아꽃 따려고 했네
하얀 버선 빨랫줄에 종종 걸어놓은 듯
사뿐사뿐 향기 가득 품은 꽃
그 버선 빨랫줄째 걷으려다 마음 들켰지

뎅, 요년…
꽃 꺾으려다 소스라치게 놀라
옴짝달싹도 못 하고 오싹 오그라진 손
한없이 작은 나는
그 손 펴고 맑게 살아야지

주문을 외워본다

그런데 자네 아는가
요년, 이란 소리 들은 그 마음
깜짝 놀라 가슴이 콩닥 떨어진 그 자리
부처님이 계신다는 걸

이 세상에 와서 살다가 마지막 받은 호칭
어르신이란 호칭 받았으니
어린이처럼 맑게 살라는 가르침으로 받들게
뎅…

그곳에 또 뉘 있어 봉원사 종소리로
자넬 깨우치겠나

# 물불을 가리다

단비가 내린다
강릉 속초 울진 영덕 산불
잔불 정리가 될 것이다
사람의 집 가축의 집 새들의 집
마음 주고 살던 집 다 태우고
어디다 마음 붙이고 살라고
애간장 다 녹였다
500년 금강송을 향해 불은 달려갔지만
단비로 인해 금강송은 살았다

물물물물물불물물물물물
불불불불불물불불불불불
물불을 가리지 못하면
물화 불화를 입는다

하루전날 9시 이후 금식하고 수술을 받았다
물이 먹고 싶다고 했다

4시간 후에 물 드세요
나에게 물은 울진 영덕처럼
단비였다

# 꿈, 이루다

장 태 숙

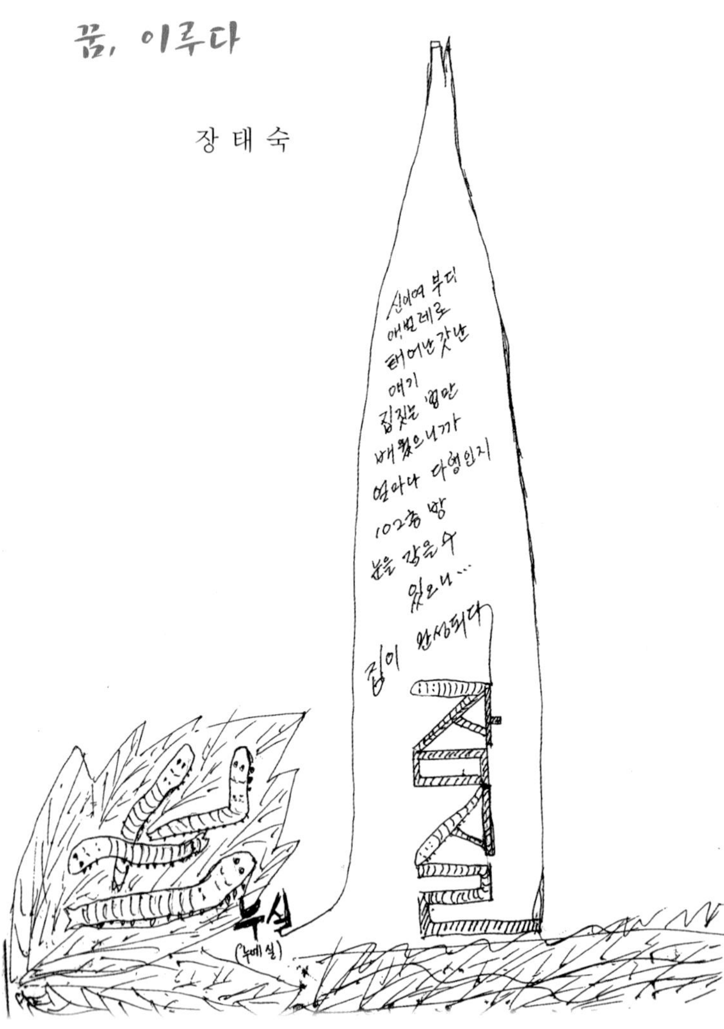
신이여 부디
애벌레로
태어난 갓난
애기
집짓는 법만
배웠으니까
얼마나 다행인지
102층 방
눈을 감을 수
있으니…
집이 완성되다
누실
(누에실)

제4부

# 초겨울의 길목에서

## 별별화화

흰 구름이 유유히 흐르는 고양시에 꽃들의 잔치가 열렸다
시원한 나무 밑에서 김밥 수육 보쌈에 막걸리 두부 김치 점심을 나누어 먹고
세계꽃박람회장으로 들어간다

홍도화와 벽도화 한 쌍이 장엄 화려한 자태를 뽐내며
궁중 연회를 시작으로 시선을 홀린다
등나무는 공중에서 머리를 길게 풀어 헤치고 줌바댄스를 한다
부겐베리아도 장단을 맞추며 사람들을 불러 모은다
박지도에서 온 에렌지움 보라색 옷 속에 가시를 숨기고
팔을 난간에 기대어 포즈를 취한다
종이꽃 버들마편초 방크샤는 배멀미가 나는지
조용히 웅크리고 앉아 있다
프로테아는 튼실한 몸으로 큰 눈을 끔뻑이며 고개를

쭉 빼고

한가운데 유리 의자에 앉아 호탕하게 웃으며 몸매를 자랑한다

그 옆에 비행기를 타고 온 장미는 베르사유 궁전에서 왔다고

빨강 모자와 초록색 드레스를 입고 온갖 수다로 자랑질이다

치자가 치사하다 꼴값 떨지 말라며 유유히 향을 풍기며 옆구리를 찔러댄다

안면도 박람회에서 퇫자를 맞은 튤립은 단체로 몰려와

조용히 착석하여 두 손으로 입을 가리고 배시시 웃는다

별별 꽃들의 잔치 미스유니버스 선발에 진선미 꿈의 왕관 발표가 시작되었다

꽃이 부르고 바람이 부르는 고양 세계꽃박람회에

온갖 향 머금은 햇살이 토담에 걸터앉아 쓸려간 희망을 부른다

심사를 마친 나는 왕관을 머리에 쓰고 망토를 두른

진으로 뽑힌 카네이션의 팔짱을 끼고 축제장을 빠져나왔다

# 세상, 그거 참 시시하잖아

하늘이 잔뜩 흐려지고 이내 비가 오더니 꽃이 피었다
시간 넘어 건너온 세월 꽃다운 시절 지나가고
초로의 나이에 시인이라고 들썩이는 마음은
일내야지 하고 야심차게 시작했건만 일내기는커녕
너를 만나 두 눈을 크게 뜨고 책장을 넘겨봐도
행간을 오가는 글은 흑점만 보이고 도대체 너의 마음을 알기가 어렵다
내리는 비와 비 사이에 울컥한다
움츠렸다 속울음 터뜨리는 감기에
슬금슬금 기우는 발뒤꿈치가 긁히고 발목뼈가 부러져
줄 노트에 위 칸 아래 칸 살점을 얽어매어
검은 활자로 새겨진 가볍지 않은 상처를 보며
병원 침대에 누워 너를 그리며 퇴고를 기다린다
밤하늘에 유영하는 별이 되고
달빛은 이명으로 다가와 어두운 길 발자국을 삼키어도 달려오는 너
횅한 바람에 거친 얼굴 매만지며 근사하게 분칠하고

건너와

지금 책상 앞에 종이와 펜을 잡고 앉아서
시인의 한 조각으로 그냥 가기 서운하지
나 아직은 유쾌하게 웃고 잘 보고 잘 먹고
습작하는 것은 시시하잖아 일내야지

성당에서 볼 수 있는 스테인리스 글라스
햇빛과 짝을 이룰 때 진가를 발휘하듯
오늘도 時時한 세월에 視視한 나를 채찍질한다
세상, 그거 참 詩詩하잖아

## 랄랄랄

가, 하면 가방 메고 학교 간다고 랄랄랄
나, 하면 나팔바지 춤추며 나팔분다고 랄랄랄
다, 하면 다람쥐가 호두를 깐다고 랄랄랄
라, 하면 라면장수 공사장에 라면 판다고 랄랄랄
마, 하면 마술사가 샤바라 얍 주문을 건다고 랄랄랄
바, 하면 바지락이 물총을 쏜다고 랄랄랄
사, 하면 사탕장수 사탕을 판다고 랄랄랄
아, 하면 아이들이 전쟁놀이 한다고 랄랄랄
자, 하면 자전거 타고 하이킹 간다고 랄랄랄
차, 하면 차들이 시골길을 달린다고 랄랄랄
카, 하면 카메라 메고 출장을 간다고 랄랄랄
타, 하면 타자기가 소리내어 글 읽는다고 랄랄랄
파, 하면 파란 하늘에 고무줄놀이가 신이 난다고 랄랄랄
하, 하면 하하하 웃다가 이마에 맺힌 땀 닦는다고 랄랄랄

고무줄놀이가 신이나 해가 지는 줄 모르고 놀던 학교 운동장은 폐교되어

지금은 농촌체험학습장으로 줄을 치고

줄 맞추어 아침 조례하듯이 가나다라마바사아자차카타파하

순서대로 이름표를 달고 있다

* 수동요 「잘잘잘」을 패러디하다

# 뭉개다

흐린 날이 몇 날이더니 간신히 햇살이 다녀갈 뿐
여전히 무거운 추를 달아둔 듯 구름이 잔뜩 내려앉아 있다
누가 금수강산을 뭉개라고 했던가
솜구름 뭉게뭉게 골반을 이용해 춤으로 오늘을 안무할 때
서쪽 노을이 무대를 뭉개버리겠다고 한다
바람은 보리밭을 좌로 한번 우로 한번 쓸고
키 큰 갈대는 슬렁슬렁 힘을 모으고
나뭇가지 살살 부채질하며 일으켜 세운다
구름 사이로 굽이굽이 달려가는 강아지 신이 나
화단을 거침없이 이리 뛰고 저리 뛰고 마구 뭉갠다
꽃들은 밟히지 않으려고 몸을 좌우로 돌이돌이 부지부순
싸우면서 공통 이해관계 서로 돕는 적대적 공생 관계
제명의 처리로 슬그머니 뭉개고 국민 불신만 부추겼다가

시늉만 한 뒤 없었던 일로 밍그적밍그적
기억 속으로 뭉개버린다

찬비 맞아 누운 저 꽃 위로 노란 가로등 조용히 내리고
서쪽 하늘 해는 노을빛으로 오늘을 뭉개고
내일 아침 동쪽 하늘 붉은 노을빛으로 하루를 뭉갤 것이다
둥실둥실 구름의 두께가 두텁다 해도 걷힐 날이 있고
바람이 불면 흔들리는 나무 바람이 부는 쪽으로
다른 바람이 불면 반대로 기울어지고
아무리 흔들려도 깊은 뿌리는 흔들리지 않는다

## 만원의 미소

친구들을 만나 경복궁 구경하기로 했다
줄을 서서 입장권을 사려고 신분증과 함께 1만 원 권을 내밀었다

수문장 신호에 정겨운 목소리와 문이 열린다
아버지는 늘 같은 목소리로 어서 오너라 바뿌제 하신다
나는 가마를 타고 궁으로 들어가 궁의 율법에 따라
왕후의 가체와 궁중 대례복으로 갈아입고 연회에 참석했다
연회가 이어지고 중국사신 프랑스선교사 일본사신 아프리카왕눈이 아랍의왕자 푸른눈 갈색눈 희고 검은 피부 갈색 금발 꼽슬이 레게머리 등 다국가의 사신들은 홍정과 국가관의 거래가 이어졌다

근정전의 주인이 된 나는 궁에 질서와 지식과 책을 읽고 그림을 그리며

호사스런 생활로 세월을 엮으면서 지낸다
슬슬 심심해지기 시작하자
사가에서 놀던 친구들과 지인이 그리워서
백성들 모두에게 살아가는 지혜를 주기 위해 1만 원을 나누어 주기로 했다
만원으로 술과 맛있는 거 먹고 배부른 거지가 된 사람
장사와 거래로 백만 억만장자가 된 사람
지혜와 연구로 발명 특허도 내고
기업 운영으로 세계로 무역을 확대해서 나라에 경제도 좋아졌다
카지노 경마 주식 펀드 비트코인으로 파산 위기에 울상이다
로또 당첨으로 땅을 사고 집을 사서 부자가 되겠다고

야무진 꿈이 허공을 잡고 허우적거린다
사과 상자 비리로 얼룩지고 시끌벅적 야단이다
궁궐 밖에는 쩐의 전쟁이 일어났다
학문과 과학 기술이 뛰어난 현재는

키오스크 카드 페이어플이나 온라인 결제가 현실인

요즘이다
군주는 성문과 궁궐 문을 열어 국민들과 전 세계인들에게 개방하고
광화문 광장에 높은 의자에 앉아서 백성을 살핀다
1만 원권의 지폐에 조선의 문화유산이 담겨 있다

요즘은 10,000원을 10.으로 표기한다
만원인지 달러인지 인식이 부족한 나는
자식이 통장으로 보내준 용돈을 현금지급기에서 인출해
두둑이 지갑에 넣고 다니며 흐뭇하게 미소짓는다

# 다시 살다

어디서 왔는지 붉은 작약이 담장 아래 피어 있다
담쟁이는 반가워 속삭이듯 입이 달삭인다
몰래 개망초꽃이 담장을 넘어 들어와 터를 잡고 마당을 지킨다

먼 길 오느라 힘들지 어서 들어와
배 고프지 밥 먹자
빈집에 모두 둘러앉아 기다리고 있었다
모두 다 떠나간 빈집에서 뻐꾸기시계 주전자가
정지된 사진 속 가족 한가로이 시간을 보내고 있다

이웃집 할머니 아저씨 아주머니 밤새 쌓던 사랑이야기가 벽에 걸려 있다 자식 자랑이 분수처럼 쏟아지고 신명이 돋던 이야기보따리가 걸려 있다 그리운 가슴을 쓸어내리는 환희의 횃불을 들고 집안으로 들어선다

뻐꾸기시계는 뻐꾹뻐꾹 음정 박자 맞추어

조약돌에 밤을 지키던 젊은 날 넋두리를 늘어놓는다
삐 소리를 뽕짝으로 뜨겁다고 유난을 떨던 표면이 반짝이던
삐삐 주전자도 소리 없이 늙고 있다

나는 다시 손때 묻은 주전자를 꺼내 물을 끓인다
컵라면 봉지 커피에 물줄기를 내려주던 다정함이 여전하다
정지된 그곳이 다시 살아난다

## 그대가 염색을 하면

그대가 자라는 모습을 보고 있었지
그대가 이슬을 머금고 깨어나는 아침은 너무 싱그럽지
그대가 가을에 피어나는 가장 아름다운 꽃이야
그대가 자란 너른 들은 어머니의 품 같지

그대가 가을에는 내가 최고야 하는 모습이
오월의 꽃의 여왕이라고 하는 장미보다 아름다워
그대가 머리를 빨간색으로 염색하면
마치 내가 사춘기 시절 멋 내던 생각이 나

그대가 가을에 과감하게 염색하면
그대가 가장 사랑받는 밥상 위에 김치가 되지
이제는 아시아에서도 동남아에서도 유럽에서도
그대가 많은 사랑을 받는다는 것이 자랑스러워

가을에 여왕이 왕관 수여식을 하는 날은
속살이 하얀 무다리 친구도 바다친구 굴도

보들보들 수육도 모두의 박수갈채를 받으며
그대가 모두를 보듬어주는 보쌈이 되지

그대의 그런 모습을
나는 가을의 여왕이라고 말하고 싶습니다

# 숙령이다

꽃이 핀다는 소식을 바람이 전해준다
다정한 목소리로 꽃놀이 가자 한다
그곳 윤중로에 여의풍이 다 모였다

꽃을 시샘하는 바람 투화풍 불어도
꽃은 흙 속에서 가지 끝에서
배아 상태로 얕은 숨을 몰아쉬며 남몰래 준비해
용케 봄인 줄 알고 피었다
만발한 벚꽃 화신풍에 흔들리고
볼에 스민 색조 같은 연분홍 화사함
그대 만날 날 약속하고 기다리던
그때 내 표정이다

그 길에 벚꽃이 보인다
걸어가는데 개나리도 보인다
고개 돌려 보면 홍매화도 보인다
그 길 그 길목에 내가 있다

그 길 그 길목을 걸어간다

얇은 잎 하나하나 바람에 나풀나풀 꽃비로 내려온다
꿈꾸듯 히죽히죽 환희에 찬 걸음걸이이다
꽃바람 불어 꽃이 술렁이면 내 시도 함께 술렁인다

# 두 사람

산꼭대기에 올라 멀리 아득히 펼쳐진 들
지평선 닿는 산을 내려다본다
드넓은 들 이랑마다 초록 눈 저쪽
버들개지 살아 오르는 강줄기 따라 철길이 있다
기차가 산 넘어 먼 저쪽으로 희뿌연 연기를 내 뿜으며
철컥 철커덕 꽤엑, 화통 소리 내질러
긴 여운을 남기고 터널 속으로 사라진다
철길 두 줄 길게 말줄임표로 남는다
유년의 어린 눈은 그 길을 따라가고

나도 자라서 기차 타고 높은 빌딩 숲 건물에
작은 꽃가게 즐비한 도시로 갈 거야
허공을 향해 함성 질러
산타루치아를 외치며 푸른 꿈를 키운다
고요히 바람 불어 마음을 흔들던 초록 들 불씨
봄볕 성화 견딜 수 없어 나뭇가지 끝 바라보던
그 아이는 시인이 되어 책상에 앉아 시를 쓴다

# 텃밭에 콩을 심다

까똑, 시 숙제 제목 정했나요
나보다 더 설레는 숙제, 어쩌면 좋을까요
마음은 자꾸만 콩밭으로 가려는데
땡땡이칠 수가 없어 숙제를 해야겠어요

먼저 텃밭부터 만들어야겠어요
남들은 텃밭에 채송화 봉숭아 맨드라미
여러 가지 꽃을 심겠지만
나는 텃밭에 시 콩을 심겠어요

추운 겨울 들어앉아 주전부리로 볶아 먹을
콩이 주렁주렁 매달릴 때까지
시종 수고를 보냈던 농부처럼
가을 농부의 마음으로 심고 가꾸겠어요

# 백양사의 가을

수십 년 된 벚나무 단풍 터널을 지나
고즈넉한 산사에 들렀습니다

돌다리를 건너자 물속에 비치는
단풍꽃과 사람들이 옷차림이 매혹적입니다

소리소문없이 불바다를 이룬 떡갈나무는
뜨거움에 머리를 쥐어뜯으며 개울로 내달립니다

누가 저리도 붉은 순정을 온산에 걸어놓고
이내 가슴에 불을 지르시나요

## 단심가(丹心歌)

의자에 앉아 고개를 들고 위를 본다
익어가는 감이 보인다
감나무 두 그루 분주한 춤사위
고운 한복 치맛자락 아래로
진홍색 속치마 살짝 보이듯
너를 두고 시인은 가슴이 뛴다

달빛 아래 찾아오는 잠을 쫓으며
어머니 아버지는 감을 깎고 있다
가지마다 대추는 붉어진 얼굴 곁눈질 들킬세라
이를 드러내고 기분 좋은 웃음을 참고 있다

지붕 위에서 찬 서리와 밤을 샌 감이
붉은 반점으로 말라만 가고 있다
사진 속엔 여름 태양에도 굴하지 않은
초록 왕성한 젊음이 있다
그대 향한 내 마음, 저리 붉다

# 초겨울의 길목에서

구르던 낙엽이 내리는 비에 걸음을 멈춰섰네
비 그치면 추울 테니
나무에 외투를 단단히 입혀야 하네
바빠진 일손 추위를 막아주려 빗속을 걸어가네
차가운 바람은 몸을 주눅 들게 하네
노오란 단풍에 편지를 띄우네
요란하게 날아들며 겨울 철새가 오네
매년 이맘때면 철새 도로는 정체가 심하네
성질 급한 철새운전사
꾸우억 꾸억 클랙슨을 심하게 누르네
하늘 도로는 시끄럽네
초로의 가을이 가슴으로 물드네
아궁이 장작불 군고구마 속으로
내 나이가 익어가네

# 동지팥죽

동짓날이면 어머니가 정성껏 만들어 주시던
달짝지근한 팥죽 맛이
지금도 혀끝에 남아 있다

동생들과 빙 둘러앉아 두 손 모아 빌고 빌어
지구를 굴리며 액운이 걷힌다며
동글동글 찹쌀을 빚던 하얀 새알심

계절은 돌고 돌아 해마다
어김없이 찾아오는 동짓날
어머니는 이제 내 곁에 없네

이젠 먹을 수 없어
마음속 추억으로 되새김질하는
어머니의 동지팥죽

# 붉은 메밀꽃

바람 불어 흔들리는 꽃 품에 안으니
붉은 메밀꽃 삿갓이 품고 간 화양연화
동강나루의 배는 떠나고

소슬바람에 당신의 입맞춤
꽃의 흔들림 아는 이 없으나 지켜야 하는 삶
임의 노래에 요동치는 냉가슴 앓듯이
붉은 반점으로 하얀 등이 붉게 물들었다
대상포진의 통증이 쑤시고 아파도
마음을 다스려 보면 쉼의 시간이다
붉은 사랑 품어야 하는 넓은 벌판
붉은 선혈은 눈이 시리도록 아프다

그 황홀한 편지지 위에
나는 홀로 너에게 편지를 쓴다

작품해설

# 신세계 갈망, 전통 보전, 감사와 사랑 그 법고창신의 시학

- 김 순 진(문학평론가 · 고려대 미래교육원 교수)

작품해설

# 신세계 갈망, 전통 보전, 감사와 사랑, 그 법고창신의 시학

김 순 진 (문학평론가 · 한국문인협회 이사)

장태숙 시인과 인연을 쌓은 지 벌써 5년째 되어간다. 그동안 장태숙 시인은 고려대 미래교육원 시창작과정에 입학하여 열심히 시창작론을 공부하며 시창작에 몰두해왔다. 그리고 마침내 첫 시집 『등록금 한 상자』를 출간하기에 이르렀다. 낙숫물이 주춧돌을 뚫는 효과다. 장태숙 시인이 처음 고려대 시창작과정에 등록했을 때, 그녀는 1년여 동안 숙제를 제출하지 않았다. 동료들은 '왜 숙제를 내지 않느냐?' '무엇이라도 써야 내 것이 된다."라며 성화를 부리며 시쓰기를 종용했지만, 장태숙 시인은 그저 출석하고 강의를 경청하며 열심히 수업에 참여했지만, 과제시를 제출하지 않았다. 나는 그런 장태숙 시인을 보며 말문이 트이는 시나라 말 습득과정으로 이해했다. 그런 내 생각은 맞아떨어졌다. 마치 외국어를 배우려면 그 나라에 가서 몇 년을 살아야 하듯 그녀는 차츰 시나라의 언어기법을 이해하고 터득하기 시작했다. 우리가 러시아나 폴란드 말을 모르듯이 일반 사람들에게 시나라 말은 어순과 표현법이 달라 장태숙 시인처럼 잠재력을 키워야 가능한 말이다.

강의에서 누누이 말하지만, 시나라 말의 어순은 한국어의 어순과 다르다. 한국어에서 "나는 학교에 간다"라는 말은 "나는 간다 학교에", "간다 나는 학교에", "학교에 간다 나는", "학교에 나는 간다"식으로 변형되지만, 시나라 언어는 "에, 나는 학교 간다", "에, 나는 간다 학교"식으로 조사가 앞으로 나오며 학생의 등교법에서 교장선생의 등교법으로 바뀐다. 그것은 모든 수단과 방법이 시창작법 안에 내포되어 있다는 말로 풀이할 수 있으며, 장태숙 시인은 그러한 시나라 말의 오랜 습득과정을 통해 마침내 시나라의 시민등록증(詩民登錄證)을 받고 어엿한 시인이 되었다. 우리나라 사람이라 할지라도 만 17세가 넘어야 주민등록증을 받게 된다. 그것은 그 사람이 근로, 납세, 국방, 교육의 4대 의무를 책임질 수 있는 나이로 판단하기 때문에 그런 것이며, 시인이라는 칭호는 새로운 문물의 수용과 전통의 보전, 자연에 대한 감사와 인간애의 실현을 가늠할 수 있을 때 주어진다. 따라서 나는 장태숙 시인의 시는 법고창신(法古創新)의 정신 위에 세워진 건축물이다. 법고창신이라 함은 옛것을 지키고 새로운 것을 추구한다는 말로 나는 장태숙 시인의 시를 전통 보전하며 새로움을 추구해가는 법고창신(法古創新)의 시학이라 평한다. 그러면 장태숙 시인의 시 몇 수를 읽어보면서 어떻게 그만의 법고창신을 펼쳐가고 있는지 살펴보기로 하자.

### 1. 새로운 시창작기법의 확장

오랜만에 배낭을 메고 길을 나선다
길가를 따라 하얀 구름 두둥실 하늘길로 들어간다

나무 그늘에 앉아 쉬고 있는데 무언가 발꿈치를 친다
간지럼을 태우듯 바람에 노랑 씀바귀꽃이 흔들리고 있다
잣나무 산수유나무 키 큰 아카시아나무
그늘을 채우고 난 모퉁이에 그녀는
보잘것없이 제 몸 하나 버티고 있다

하늘 높이 늘어선 아카시아 향기 들썩이는데
마른 줄기 성긴 꽃잎 매달고 갖은 아양을 떤다
누가 보기나 할까 흔들흔들 흔들어도
보이지 않은 새들의 넋두리
한숨 돌리며 눈빛 빛나는 초원을 바라보는데
보시어요, 여기 보시어요.
예쁘게 꽃피웠다고 빨간 신호등 녹색 신호등 사이
바람의 힘을 빌려 노란 등을 깜빡이며 말하고 있다
나를 부르나 하고 몸을 고쳐 앉고 눈을 맞춘다
초록의 짙은 들판에 노랑나비 날아오르듯
수다 중인 녹색 바람의 목구멍이 보인다

오랜만에 마스크 없는 야외에 정답게 모여 앉아
힘든 일 모두 잊은 듯 하하 호호 웃으며

-「바람의 목구멍」 전문

이 시는 관찰심상법의 시다. 시인의 눈은 참으로 예리하다. 이 세상에서 '바람의 목구멍'을 본 사람은 장태숙 시인뿐이다. 좋은 시란 남이 보지 못한 것을 붙잡아 쓰는 것이다. 대동소이하게 쓰는 시는 차별성을 확보하지 못해 독자로부터 외면받게 된다. 그래서 시인들은 어떻게 볼 것인가에 사활을 건다. 그걸 잘하지 못하는 시인들은 패러디를 시도한다. 어떤 시인이 먼저 '물의 문장'이라고 쓰면 그걸 본 다른 시인은 '불의 문장', '돌의 문장', '소리의 문장' 등으로 패러디한다. 이덕규 시인이 「밥그릇 경전」이라는 시조를 쓰자 많은 시인들이 그를 패러디해 '물의 경전', '불의 경전', '소나무 경전' 등이 쏟아져 나왔다. 그런데 아무리 잘된 패러디라 하더라도 원문을 넘어서기 힘들다. 그런데 장태숙 시인은 기존 시인들이 시를 따라 패러디하는 것이 아니라, 스스로 관찰하여 '바람의 목구멍'을 들여다보고 시로 승화한다. 바람에게 목구멍은 있을까? 바람은 어디로 숨을 쉬고 어디로 음식을 먹어 성장할까? 바람의 목구멍은 결국 꽃이었던 것인데, 바람은 꽃이라는 목구멍을 통해 세상을 부드럽게 순화하며 잉태하여 열매를 맺히게 했던 것을 장태숙 시인은 관찰의 사유를 거듭해 바람의 목구멍을 발견해낸다.

선잠을 깬 아침 발밑에서 꿈틀한다
다리가 아파요
그녀는 병원 침대에 누워 기다린다
등짝에 땀이 지병처럼 송골송골 맺힌다
그가 그녀의 다리를 뒤튼다

그녀는 그냥 물러서지 않는다
링거와 주사를 맞고 잠이 들고
뼛속으로 나사못이 조여들고 살점을 져며내고
피가 흐른다 벌겋게 충혈된 눈
고통과 시련의 반전이
물레방아처럼 도는 인생의 의미
너그럽고 좋은 생각으로 돌아가는 깊이를 새겨본다
울컥하는 어떤 어려움이 있어도 그녀는 참는다
그녀는 치료를 마치고 내 곁으로 왔다
그녀는 내 명함이다
내가 그려놓은 옷을 입고 시를 쓰고
꽃을 보는지 나비를 보는지
세월 속에 흘린 눈물처럼 쓸어내리는 사연을 말해
준다

나는 그녀를 이렇게 잠시도 떠날 수 없는데
잠자기 전, 그녀가 나를 보고 웃는다

–「틀어진 안경」 전문

이 시 역시 관찰심상법이자 '안경'을 3인칭 '그녀'로 놓고 쓴 인칭은유심상법이다. 인칭은유심상법에서 시적 화자, 즉 사물은 즉시 입을 가지며, 인간으로 자유롭게 행동한다. 작중의 화자, 장태숙 시인의 안경이 고장나서 수리하러 갔었나 보다. 안경은 병원 침대에 누워 있고, 병원에 간 안경에는 환자의 공포가 안경의 마음에 휩싸여 있다. 외국 문물로 들어온 안경은 우리나라에 두 가지 이미지를 심어주었다. 한 가지는 부정적인 측면으로 과거에는 안경 쓴 사람을 경시하는 경향이 있었다. 안경 쓴 사람이 장사꾼한테 첫 개시를 하는 것은 그날 운을 떨어뜨리는 결과라 믿기도 했다. 그렇지만 대부분의 사람들은 안경을 지식인의 상징으로 여겼다. 안경 쓴 아이는 공부를 잘하는 아이로 받아들이기도 했다. 서양 문물이 홍수처럼 유입되고 선글라스가 상용화됨에 따라 안경에 붙여졌던 부정적인 생각은 '멋의 추구'와 '안구질환 예방'이라는 긍정적인 생각으로 흡수되었다. 이제 우리나라 사람들에게 안경은 필수적인 소지품이 되었다. 선글라스를 하나씩 가지고 있지 않은 사람은 드물다. 그리고 48세가 넘어선 사람들은 자연스럽게 4·8뜨기가 되어 돋보기를 준비해야 한다. 그래서 안경은 이제 현대인에게 없어서는 안 될 중요한 소지품이 되었다. 장태숙 시인은 "나는 그녀를 이렇게 잠시도 떠날 수 없"다고 말한다. 그러나 안경은 글을 모른다. 안경은 우리를 지식인과 멋쟁이로 향하는 길로 안내한다.

## 2. 전통문화의 적극적인 보전

그대가 너무나 보고 싶습니다
갑자기 숨 막히는 거 있죠
왜 이렇게 이뿌노 내 새끼
그대 목소리 못 들어도 얼굴은 볼 수 없어도
가을이 오면 그대 목소리가 가까이 들리고
멀리 있는 어린 시절 친구들을 만나고 싶습니다

바람이 내 고향에 간다기에 그를 따라 나섰습니다
산은 색동저고리를 갈아입고 반기네요
한가로운 하늘엔 바람과 구름 장난이 한창입니다
그저 해님은 지그시 눈감아줍니다
바람이 불고 꽃이 흔들리고 있네요
내 마음 그대 찾아 떠나가고 있어요
그대 있는 그곳도 바람 불고 꽃들이 흔들리나요

세상 고난을 이겨낸 황금빛 선물
동맥처럼 고동치는 심장 박동소리에 설레입니다
부끄러운 알몸 들어내는 나뭇가지들
얼마나 이날을 기다려 왔던가

인고의 세월 속에 불어오는 회환의 눈물인지 몰라
한무리 되어 영글어가는 회생의 아름다운 그

온 누리를 따뜻하게 색칠해주는 어느 가을날
억새풀 드러누울 때
나는 바람의 글 읽는 소리 듣습니다

-「의성향교」의 가을 전문

젊은이들은 향교에 대해 어떤 일을 하는 기관인지, 우리 민족에게 어떤 영향력을 끼쳐왔는지 잘 모른다. 그런 건물이 우리 주변에 있는지조차 모른다. 그렇지만 향교는 고려시대 이후 우리에게 지속해서 영향력을 끼쳐왔다. 향교는 원래 교육기관으로 시작되었다. 지금으로 말하면 중등 과정을 가르치거나 지방의 국립대학 역할을 하였다. 그러고 그곳에 성현들을 모셔놓고 제사를 지냈다. 향교에 모셔진 가장 대표적인 인물은 공자(孔子)였다. 그리고 그 지방에서 출중한 인물에 대해 제사를 지내기도 했다. 향교의 위치는 각 고을에 하나씩 있었다고 보여진다. 향교에 비해 서원은 조금 수가 늘어났다. 내가 태어나고 자란 포천에도 서원은 옥병서원, 용연서원, 화산서원 등 3개나 되지만 향교는 포천향교 하나뿐이다. 그에 반해 의성은 의성향교, 비안향교 등 두 개의 향교와 금산서원, 단구서원, 빙계서원, 석산서원, 장구서원, 화산서원 등 6개의 서원이 있었던 교육의 도시였다. 지금은 향교와 서원이 교육기관의 기능을 포기한 채 오랜 전통문화였던 유교문화의 본산 역할을 유지하고 있다. 나는 향교가 또다시 교육 역할로 되돌아가 학생들과 젊은이들이 넘쳐나는 교육기관이 되었으면 좋겠다. 이 시에서 장태숙 시인이 "억새풀 드러누울 때 / 나는 바람의 글 읽는 소리 듣습니다"라고 표현한 것은 향교의 교육적 측면을 강조한 부분이다. 시인에게는 역사를 후손에게 전하는 역할까지 주어진 사람임을 장태숙 시인은 잘 알고 있는 것이다.

가을이 오면
고향의 20리 강둑길을 걷고 싶습니다

누가 기다리지 않더라도
파란 하늘의 뭉게구름에 저절로 마음이 열리는
울긋불긋 전혀 낯설지 않은 코스모스길

풀 뜯던 누렁이 목말라 한 모금 목축이던 강물 언저리

누렇게 벼가 익어가는 논둑길에 앉아
쫓으라던 참새 떼들을 그림으로 그리고 싶습니다
갈대 꺾어 입에 물고 하늘을 보면
하얀 구름이 지난날 그리움들을 불러오는
고향의 20리 강둑길을 걷고 싶습니다

가을이 오면
가슴 한쪽 그리움의 문을 열고
소 팔러 가신 아버지와 장에 가신 어머니를 기다리며
내 고향의 20리 강둑길을 오르내리고 싶습니다

-「20리 위수강 둑길」 전문

위수강은 경상북도 의성군에 있는 작은 강으로 강둑의 길이가 20리나 된다고 하니 정말 걷기 좋은 명소일 것 같다. 어릴 적 저 강둑길은 학교에 가고 엄마를 따라 장에 가던 추억의 길이다. 그러나 지금은 소 팔러 가신 아버지와 장에 가셔서 돌아오지 않은 어머니를 기다리고 싶은 길이 되었다. 우리 민족은 해학의 민족이다. 보통 부모님이 돌아가셨다고 말하지 않고, '소 팔러 갔다'거나 '장에 갔다'고 말한다. 얼마나 해학적인 풍자인가? 그렇게 말하는 것은 부모님들이 돌아오지 못할 먼 길을 떠난 것이 아니라, 우리 주변에 살아계시면서 우리를 굽어살피고 있다고 믿기 때문에 생겨난 말이기도 하다. 위수강 강변에서는 씨름대회나 체육대회, 연날리기대회 등 여러 가지 행사도 곧잘 진행된다. 위수강 주변에서 태어나고 자란 사람들에게 위수강 20리 둑길은 장태숙 시인의 추억처럼 실로 많은 그리움이 쌓여 있는 길이고 이 시는 그 지방 사람들에게 두고두고 회자되면서 그리움을 불러일으킬 것이다.

### 3. 감사와 사랑의 표출

사과 한 박스가 택배로 도착했다
육백 킬로를 달려와 우리 집 앞에 머문다
택배 박스는 아버지의 지게를 대신해 주었다
나는 웃으며 사과를 깎는다
붉은빛으로 가지런히 접시에 오른다
한 조각 베어 입에 넣고 오물거린다
아버지의 미소 같이 알 수 없는 향기로 진동한다

사과를 딴다
빨갛게 익은 웃음을 박스에 가지런히 담는다
그녀의 꽃무늬 슈트의 풋풋함을 사람들은 칭찬한다

어쩌다 검게 파인 점
박스 가장자리에 하얀 이를 들어내며
얼마 전 다녀온 봉화산 이야기를 한다
가을 풍광에 시간을 잊은 듯
산처럼 머물러 살고 싶다고

사과의 껍질을 벗기듯 아버지 허물도 벗겨진다
단맛이 든 사과는 오 남매의 2기분 등록금이다

– 「등록금 한 상자」 전문

이 시는 이 시집의 제목으로 채택된 시다. '사과 한 상자'를 두고 '등록금 한 상자'라고 표현하는 것은 지극히 은유적인 표현법이다. 장태숙 시인의 아버지는 오 남매의 등록금을 챙기시느라 얼마나 수고가 많으셨을까? 딸이라서 학교에 보내지 않던 그 시절 남녀가 평등하게 학교에 보내신 장태숙 시인의 아버지께 감사의 박수를 보내드린다. 지난 설 때 나에게 그동안 고맙게 대해준 사람들에게 선물을 하려고 사과를 사러 농협에 들렀다가 '어휴'하며 입을 쩍 벌리고 숨을 '헉'하니 쉬며 되돌아섰던 기억이 있다. 사과가 한 줄이 깔려 있는 9개에 들이 한 상자에 9만 원, 두 줄이 깔려 있는 한 상자에 13만 원이라 적혀 있었기 때문이다. 요즘도 대파 한 단에 5천 원을 넘나들고, 쪽파 한 단에 8천 원이란다. 왜 그렇게 농산물값이 천정부지로 뛰었을까? 소위 말하는 3D업종에 농업이 포함되기 때문이다. 요즘 젊은이들은 더러운 일, 힘든 일, 어려운 일을 하려 들지 않는다. 사과를 생산하는 일은 오래도록 심혈을 기울여야 하는 어려운 공정의 일이며, 고개를 들고 꽃과 열매를 솎아주어야 하는 힘든 일이며, 땀을 흘리며 농약과 퇴비를 살포해야 하는 더러운 일이기 때문에 과일값이 그렇게 천정부지로 치솟은 것이다. 그러니 과일 한 상자는 등록금 한 상자라는 말에 공감이 간다. 시를 쓰는 사람은 불효자가 없다. 이렇듯 밤을 새워 부모님과 고향, 출신학교와 친구 선후배에게 감사한 생각을 가지는데 어찌 불효자가 있을 수 있으랴.

> 추억 너머 숨어있는 흑백 사진 속 시댁에는
> 할머님 어머님 아버님 세 분이 사셨다
> 어느 날 어머님이 겨울 감기로 병원에 입원하셨다
> 동서랑 둘이서 병원에 들렀다
> 동서가 어머님 제가 곰손 사왔어요
> 집에 갔다 둘게요

어머님은 방긋이 웃으시면서, 오냐…
곰탕 드실 생각에 퇴원할 날을 기다렸다
커다란 스텐 곰솥이 비어 있었다
기분이 상하신 어머니는
도대체 곰탕은 어디로 가고 빈 솥만 보여
그 많던 곰탕을 두 분이 드신 걸로 오해하셨다

퇴원 소식에 전화를 드렸다
얘, 에미야 곰탕 어디 두었니
네 곰탕이라니요
잘못 들었나 싶어 다시 여쭈었다
작은 에미가 곰탕 두고 가지 않았니
아니예요
얘 봐라 너도 들었지
나 병원에 있을 때 곰탕 끓여서 두고 간다고 했지,
하시며
분명히 그렇게 했다고 역정을 내신다

아, 어머님 그게 곰탕이 아니고 곰솥이에요
그러자 어머니는 병원 내내 곰탕 생각에 좋았지만
못 드신 곰탕에 기분이 언짢으신 모양이다
알았다, 슬그머니 수화기를 내려놓으셨다

오 척 단신 왜소한 몸으로 아들 사형제를 길러낸

분이

세월의 빛바래듯이 당신 몸이 타들어 가는 줄 모르고 일하시다가

한 쪽 귀가 잘 들리지 않은 불편함이 생겼다

덕분에 가족들은 목소리가 커지고

반복적으로 얘기하는 습관도 생기고 웃음도 났다

잘 들리지 않는 한쪽 귀로 헷갈릴 만하니 어쩌나

큰소리 낸 며느리는 곰탕을 끓이고 동서는 보청기를 사드렸다

곰솥을 곰탕이라고 우기신 어머니 덕분에

온 가족이 둘러앉아 곰탕을 먹으며 웃음이 담장을 넘는다

지금은 어머님이 안 계셔도

곰솥과 곰탕만 보면 슬며시 웃음이 난다

– 「어머니와 곰탕」 전문

이 시 속에 나오는 어머니는 친정어머니가 아니라 시어머니시다. 여자의 일생을 바라보는 나는 남자의 시각으로도 참으로 불만스럽다. 그것은 서양에서나 동양에서나 미친가지 감정이다. 여자는 시집을 가게 되면 그 집의 귀신이 된다는 말이 있다. 말하자면 한 번

시집 간 여자는 친정으로 돌아와 묻히는 일이 거의 없어지는 것이다. 그래서 산소에 쓰인 비석을 보면 늘 남자와 여자가 합장한 이름이 쓰여 있다. 왜 여자는 친정으로 돌아가 친정집 선산에 묻히면 안 되는 것일까? 몇 년 전 사촌 여동생이 병으로 죽었는데 우리 집 선산에 와서 묻히고 싶다고 유언했다. 나는 받아주고 싶었지만, 작은아버지와 그집 가족들은 자기네 선산에 묻어야 한다고 고집했고, 그렇게 묻혔다. 죽음으로도 해결하지 못하는 문화적 관념에 적이 불만스럽다. 게다가 서양에서는 여자들이 시집을 가게 되면 자기의 성까지 남자에게 가져다 바치는 세상이니 이는 대단한 모순이다. 낳아주고 길러준 자기 가문의 성을 포기하게 하다니 혀를 찰 노릇이다. 각설하고, 이 시에 나오는 시어머니께 장태숙 시인은 곰솥을 사다 놓았다고 말씀드렸는데, 시어머니는 곰탕으로 잘못 들으셨고, 원하자마자 집에 돌아와 곰탕을 찾으시고 곰탕이 없자 너무나 서운해하셨다. 그래서 며느리는 또다시 곰탕을 끓여다 드렸다. 그러니 시어머니는 곰솥과 곰탕 두 마리의 새를 잡고, 게다가 작은 며느리가 사다 드린 보청기까지 얻게 되었다. 의도한 바는 아니지만, 도랑 치고 가재 잡는 결과를 넘어서 일석삼조의 효과다. 일상

생활에서 일어나는 작은 해프닝 속에서 우리는 형제간에 오순도순 의논하며 살아가는 삶이 따스하다는 것을 은연 중이 느낀다.

이상에서처럼 장태숙 시인의 시 몇 수를 읽어보면서 그의 마음세계를 여행해보았다.

장태숙 시인은 오랫동안 체계적으로 시창작 공부를 해온 사람이다. 그런 그의 시에는 다양한 창작기법이 들어있다. 그중에도 그의 시는 성찰심상법이 두드러진다. 진실, 즉 체험을 통하여 육화된 그의 탄탄한 스토리는 별다른 장치 없이도 독자를 충분히 감동시킨다. 게다가 반성과 성찰을 추가하여, 독자에게 사람 사는 냄새를 제공한다. 그의 시에는 부모님, 고향, 친구 등 보편적 추억이 서려 있지만, 낯설게 하기 기법의 현대 시적 언어로 재구성하여 읽는 사람으로 하여금 새로운 세상을 맛보게 한다.

이렇게 눈물 나도록 아름다운 첫 시집의 상재를 진심으로 축하드립니다.

장태숙 시집

초판발행일 2024년 3월 13일

지은이 : 장태숙
발행인 : 김순진
편집장 : 전하라
디자인 : 김초롱
펴낸곳 : 도서출판 문학공원
등 록 : 2004년 3월 9일 제6-706호
주 소 : 우편번호 03382 서울 은평구 통일로 633
녹번오피스텔 501호 스토리문학사
전 화 : 02-2234-1666
팩 스 : 02-2236-1666
홈페이지 : https://blog.naver.com/ksj5562
이메일 : 4615562@hanmail.net

※ 책값은 뒤표지에 있습니다.